Made in the USA
Coppell, TX
23 November 2019

11830688R00056